für ....

von ....

Ellen Sonntag

Was ich dir wünsche zum 60.

GROH

Herzlichen Glückwunsch!

Zu deinem 60. Geburtstag gratuliere ich dir von ganzem Herzen. Ein runder Geburtstag ist immer auch Anlass, das bisherige Leben Revue passieren zu lassen. Ich wünsche dir, dass dein persönlicher Lebensrückblick dich zufrieden stimmt – und optimistisch in die Zukunft blicken lässt. Für dein nächstes Lebensjahr wünsche ich dir alles Gute, jede Menge Sonnenschein, genügend Mußestunden, aber auch ein kleines Abenteuer dann und wann!

Ich wünsche dir,

dass du heute so richtig gefeiert wirst. Egal, ob im engsten Familienkreis oder mit jeder Menge Freunden, Bekannten und Nachbarn. Genieß diesen Tag in vollen Zügen!

Dass du mit kostbaren Augenblicken,

wertvollen Begegnungen sowie

großen und kleinen Überraschungen

beschenkt wirst, das wünsche

ich dir für dein nächstes Lebensjahr.

Jetzt ist die Zeit,

um deinen Träumen nachzuspüren: Vielleicht ist es ja eine ganz bestimmte Reise, die du machen möchtest. Oder du träumst davon, ein Instrument zu lernen. Ich wünsche dir, dass du erspürst, was deine Träume sind – und dich auch daran machst, sie zu verwirklichen.

Ich wünsche dir kleine Oasen der Stille, wohin du dich zurückziehen kannst, wenn dir alles über den Kopf zu wachsen droht.

Dass du dich an der Schönheit der Natur erfreust, das wünsche ich dir. Ein Spaziergang im Sonnenschein, ein schöner Blumenstrauß, der dir den Frühling in die Wohnung bringt, aufgeregtes Vogelgezwitscher am Morgen oder die ersten Blüten nach einem langen Winter … Ist das nicht wunderbar?

Dass du erkennst,

wo deine Grenzen liegen, das wünsche ich dir. Und dass du dir selbst auch zugestehst, nicht immer alles schaffen zu müssen.

Begreife deine Grenzen,
und du wächst in den Himmel hinein.

THEODOR BECKER

STOP

Ich wünsche dir,

dass du mit Stolz und Freude
beobachten konntest, wie aus
deinen Kindern Erwachsene wurden.
Ist es nicht wunderschön, zu sehen,
was aus ihnen geworden ist?
Und vielleicht ist ja auch die
nächste Generation schon da ...

Ich wünsche dir

Zeit für dich selbst – um endlich das zu tun, was in den letzten Jahren zu kurz gekommen ist: Einfach mal richtig faul sein, das tun, was dir wirklich Spaß macht, und die Träume verwirklichen, die du schon so lange vor dir her schiebst.

Ich wünsche dir,

dass du die kleinen Freuden des Alltags im Blick behältst und dich von ihnen aufmuntern lässt, wenn es mal nicht so gut läuft.

Öffne dein Herz und du entdeckst im Alltäglichen das Wunderbare.

URSULA KOHAUPT

Wende dein Gesicht der Sonne zu,
dann fallen die Schatten hinter dich.
AUS AFRIKA

Dass du die Sonne in deinem Herzen trägst,
das wünsche ich dir.

Ich wünsche dir,

dass du dir die Zeit nimmst, auch mal
einen kleinen Abstecher zu machen.
Zu den Orten, an denen du bisher immer
vorbeigefahren bist, weil du in Eile warst.
Jetzt, wo du langsam mehr Zeit haben
wirst, solltest du sie dir gönnen – die
kleinen Abstecher, die uns erfreuen und
uns neue Perspektiven eröffnen.

Dass du dir deinen Humor bewahrst, das wünsche ich dir. Wenn du auch weiterhin über die Tücken des Alltags lachst, anstatt dich über sie zu ärgern, tust du dir selbst den größten Gefallen.

Dass ich fröhlich bin,
die Sachen leicht nehme,
das ist mein Glück.

JOHANN WOLFGANG VON GOETHE

Für die dunkleren Momente, die es in jedem Leben gibt, wünsche ich dir ein kleines Licht, das dir wieder Hoffnung schenkt.

Das Licht hat stets mehr Recht als alle Finsternis.

KARL RAHNER

Ich wünsche dir,

dass du gut gelaunt in jeden neuen Tag startest, dich durch Kleinigkeiten nicht aus der Bahn werfen lässt und optimistisch in die Zukunft blickst.

Das höchste Gut ist die Harmonie der Seele mit sich selbst.

SENECA

Dass du es dir im neuen Lebensjahr richtig gut gehen lässt, das wünsche ich dir. Ein ausgedehnter Spaziergang, ein gemütlicher Abend mit Freunden, zwischendurch vielleicht ein verlängertes Wochenende in einer Stadt, die du schon immer mal kennenlernen wolltest ... Abwechslung tut einfach gut!

Ich wünsche dir,

dass du dir die Freiheit nimmst,
die Melodie deines Lebens zu
variieren oder neu anzustimmen,
wenn du aus dem Takt geraten bist.

Dass du dich auch von Hindernissen nicht abhalten lässt, deine Ziele zu verfolgen, das wünsche ich dir.

Wenn der Mensch sich etwas vornimmt,
so ist ihm mehr möglich, als man glaubt.

JOHANN HEINRICH PESTALOZZI

In den vergangenen sechs Jahrzehnten

hast du so einiges erlebt … Du hast Herausforderungen gemeistert, viel Schönes erfahren, aber auch Trauriges. Ich wünsche dir, dass du mit Zufriedenheit auf das zurückblickst, was hinter dir liegt.

Zeit, dich hin und wieder einfach treiben zu lassen, das wünsche ich dir. Aber ich wünsche dir auch, dass du erkennst, wann es an der Zeit ist, die Segel neu zu setzen und dir frischen Wind um die Nase wehen zu lassen.

Vielleicht wird der Gedanke daran,
dass du in einigen Jahren mehr freie
Zeit zur Verfügung haben wirst, erst
einmal ungewohnt sein. Aber du wirst
sicherlich bald spüren, wie schön es ist,
wieder etwas mehr Zeit zu haben.
Dass du sie in vollen Zügen genießt,
das wünsche ich dir.

Ich wünsche dir,

dass du voll Neugierde auf das blickst, was kommen wird. Nicht alles davon wirst du beeinflussen können. Für das, was in deiner Hand liegt, wünsche ich dir Kraft, um deine Zukunft so zu gestalten, wie du es dir vorstellst. Für alles andere wünsche ich dir die nötige Flexibilität, um auch mit Unvorhergesehenem gut umgehen zu können.

Ich wünsche dir,

dass du immer wieder spürst, wie sehr
du von anderen geliebt wirst.

Die Wurzel eines erfüllten Daseins ist die Liebe.
FRIEDERIKE WEICHSELBAUMER

Meine Wünsche für dich

In dieser Reihe sind außerdem erschienen:

WAS ICH DIR WÜNSCHE – ZUM 50.
ISBN 978-3-86713-340-1

WAS ICH DIR WÜNSCHE – ZUM 70.
ISBN 978-3-86713-342-5

WAS ICH DIR WÜNSCHE – ZUM 80.
ISBN 978-3-86713-487-3

Über die Autorin:
Ellen Sonntag, geb. 1963 in Berlin, ist Bibliothekarin mit Leib und Seele. Während ihres Erziehungsurlaubes entdeckte die dreifache Mutter ihre Freude am Schreiben. Neben ihrer Berufstätigkeit und ihrer ehrenamtlichen sozialen Tätigkeit schreibt Ellen Sonntag in ihrer Freizeit gerne Kurzgeschichten, meditative Texte und Gedichte.

Bildnachweis:
Titel: Jürgen Bohn; S. 3: G. Weidner; S. 5: Susie M. Eising/StockFood; S. 7, Rückseite: Miroku/Getty Images; S. 9: Lance Nelson/Corbis; S. 10/11: Manfred Glück; S. 13: Werner Curth; S. 15: Peter Cade/Getty Images; S. 17: Jan Greune/Look-foto; S. 19: Mark Bolton/Corbis; S. 21: mauritius images/Dirk von Mallinckrodt; S. 22/23: Bryan Peterson/Corbis; S. 25: iStockphoto/ooyoo; S. 27: Alexander Kupka/Look-foto; S. 29, 35, 37: age fotostock/Look-foto; S. 31: Gaby und Bernhard Fichtl; S. 33: Philippe Giraud/Goodlook Pictures/Corbis; S. 38/39: mauritius images/age; S. 41: Joachim Groh; S. 43: Rieder Photography/Getty Images; S. 45: Konrad Wothe/Look-foto; S. 47: Dennie Cody/Getty Images.

Textnachweis:
Wir danken allen Autoren bzw. deren Erben, die uns freundlicherweise die Erlaubnis zum Abdruck von Texten erteilt haben.

Idee und Konzept:
Groh Verlag.

ISBN 978-3-86713-341-8

107021-4355-04

Ein Lächeln schenken

Geschenke sollen ein Lächeln auf Gesichter zaubern und die Welt für einen Moment zum Stehen bringen. Für diesen Augenblick entwickeln wir mit viel Liebe immer neue GROH-Geschenke, die berühren.

In ihrer großen Themenvielfalt und der besonderen Verbindung von Sprache und Bild bewahren sie etwas sehr Persönliches.

Den Menschen Freude zu bereiten und ein Lächeln zu schenken, das ist unser Ziel seit 1928.

Ihr

Joachim Groh

GROH